Inhalt

X-Faktor - Für viele Unternehmen sind Digital Natives noch immer eine unbekannte Größe

Kernthesen

Beitrag

Fallbeispiele

Weiterführende Literatur

Impressum

X-Faktor - Für viele Unternehmen sind Digital Natives noch immer eine unbekannte Größe

Harald Reil

Kernthesen

- Der Kampf um den Kunden wird in Zukunft auf Social-Media-Plattformen ausgetragen.
- Allerdings hat sich noch nicht bei allen Unternehmen ein professionelles Social-Media-Management durchgesetzt, wie das Beispiel der Finanzdienstleistungsbranche zeigt.
- Dabei gibt es eine ganze Reihe von Möglichkeiten, wie sich Digital Natives auf

Herz und Nieren testen lassen.
- Dazu zählen Web-Behaviour-Tools, Social Monitoring, Online-Communities oder Kunden-Online-Panels.

Beitrag

Social-Media-Plattformen: Neue Schlachtfelder im Kampf um den Kunden

Als Gutenberg im 15. Jahrhundert in Europa den Buchdruck mit beweglichen Lettern erfand, war das ein entscheidender Bruch mit der bisherigen Kommunikationskultur. Der Unterschied zum Zeitalter der digitalen Revolution bestand allerdings darin, dass sich die Menschheit nach der Entdeckung des gebürtigen Mainzers jahrhundertelang auf keine andere Umwälzung einstellen musste. Heute ist das anders. Die Entwicklungen in unserer Informationsgesellschaft überschlagen sich. Die vernetzte Welt verbreitet Botschaften nicht nur schneller, auch ihre Produktion und Rezeption verändert sich mit rasender Geschwindigkeit. Was heute noch als modern gilt, ist morgen schon veraltet. Das stellt nicht nur den Einzelnen vor große

Herausforderungen; auch Unternehmen haben Mühe, angesichts der permanenten Innovationsrevolutionen mit den Ereignissen Schritt zu halten. Es besteht allerdings kein Zweifel daran, wo der Kampf um den Kunden in naher Zukunft ausgetragen wird. Die Schlachtfelder heißen Social-Media-Plattformen - zumindest so lange, bis eine andere Revolution sie wieder in den Hintergrund drängen wird. Noch aber ist es nicht so weit. Wer daher Digital Natives, um deren Gunst sich Unternehmen weltweit streiten, für sich einnehmen will, muss ihre Eigenarten und ihre Verhaltensweisen erst einmal kennenlernen. In diesem Punkt aber scheint es bei vielen Firmen noch zu hapern. (1), (2)

Schlechte Social-Media-Politik macht aus Fans schnell Feinde

Ein Beispiel ist die Branche der Finanzdienstleister. Auch sie hat Facebook, das mittlerweile rund um den Erdball 700 Millionen Mitglieder hat, für sich entdeckt. Über die Gründe ihres Engagements auf dieser weltweit bedeutendsten Social-Media-Plattform scheinen sich aber viele Unternehmen merkwürdigerweise im Unklaren zu sein. Wie aus einem Herdentrieb heraus sind sie einem Anführer gefolgt, der sich freilich nicht mehr ausmachen lässt. Diese Unkenntnis ist potenziell fatal. Denn schlecht gemachte Social-Media-Politik kann aus Fans schnell Feinde machen. Dabei gibt es durchaus Möglichkeiten, das Verhalten von Digital Natives zu verstehen und entsprechend darauf zu reagieren. (2)

Digital-Behaviour-Tools

Digital-Behaviour- oder Web-Behaviour-Tools zeichnen mithilfe einer Spezialsoftware die Webspuren eines Users bis in alle Einzelheiten nach. Damit lassen sich zum Beispiel folgende Fragen beantworten: Welche Seiten surfte er an, wie lange verweilte er darauf, welche Werbemittelkontakte hatte er, was suchte er? Während seines Aufenthalts im Internet können Social-Media-Manager dem User aber auch aktiv Fragen stellen, zum Beispiel zu seiner Motivation oder zu seinem Offline-Verhalten. Werbeformate lassen sich mit diesen Tools ebenfalls hervorragend auf ihre Wirksamkeit testen. (2)

Social-Media-Monitoring

Social-Media-Monitoring wertet gezielt die Beiträge von Usern auf Plattformen wie Facebook oder Twitter aus. Dabei werden Fragen beantwortet wie: Welchen Ruf hat das Unternehmen XY? Welche Marken sind zurzeit in? Welche Hindernisse müssen überwunden werden, damit sich ein Produkt oder eine Dienstleistung besser verkaufen lässt? Der offensichtliche Vorteil von Social-Media-Monitoring: Die User nehmen kein Blatt vor den Mund; die Testbedingungen sind also ideal. (2)

Online-Communities

Auf Online-Communities, die von Unternehmen eingerichtet werden, steuert ein Moderator die Diskussion über das Unternehmen, über bestimmte Marken und Produkte. Mithilfe der Communities lässt sich aber auch vortrefflich das kreative Potenzial der User anzapfen, beispielsweise für Produktneuentwicklungen. Gut gemachte Online-Communities nutzen das gesamte Arsenal, das die multimediale Welt zur Verfügung stellt: Posts, Werbespots und Kundenbefragungen. (2)

Kunden-Online-Panels

Kunden-Online-Panels sind wie Online-Communities nur einem eingeschränkten Userkreis zugänglich. Dieser aber wird einmalig rekrutiert, ist in der Regel viel größer als eine Online-Community und nimmt im Normalfall an längerfristigen Untersuchungen teil. Herzstück eines Kunden-Online-Panels sind regelmäßige Befragungen zu den verschiedensten Themen, die ein Unternehmen betreffen. (2)

Outsourcen ja oder nein

Die Frage, wer sich um das Social-Media-Management kümmern soll, ist nicht leicht zu beantworten. Klar ist nur, dass Unternehmen, die Social-Media-Plattformen nutzen wollen, dafür eine Menge Geld in die Hand nehmen müssen - ob sie es nun selbst tun, oder ob sie die Leistung outsourcen. Die zweite Lösung trifft allerdings nicht überall auf Gegenliebe. Ein vehementer Gegner ist zum Beispiel Michael Buck, Global Director für Online-Marketing und Marketing-Strategy bei Dell. Sein Hauptargument: Wäre eine Agentur für die Kommunikation mit dem Kunden verantwortlich, würde der Zweck des Dialogs Kunde/Unternehmen ad absurdum geführt. (3)

Trends

E-Mails als Sprungbrett für Zusatzdienste auf Social-Media-Plattformen

E-Mails sind in, Briefe sind out. Auf diese einfache Formel lässt sich das Kommunikationsverhalten von Menschen bringen, die sich nicht persönlich austauschen können, die aber auch keine Lust haben, zum Telefonhörer zu greifen. Doch Experten zufolge gerät die elektronische Post unter Beschuss, was sich wiederum auf die Business-Welt und ihre Marketing-Kampagnen auswirken könnte. Ecircle, der weltweit führende Anbieter von E-Mail-Marketing, hat 5 000 Internet-User aus Europa nach ihrem Kommunikationsverhalten befragt. Das Ergebnis: Zirka 50 Prozent der Studienteilnehmer gaben an, dass sie ihre Infos sowohl über E-Mail-Newsletter als auch über Social Media bezögen. Der Trend scheint also dahin zu gehen, dass die E-Mail-Kommunikation zwar nach wie vor eine wichtige Rolle spielen wird, sich dazu aber auch andere Kommunikationskanäle gesellen werden - allen voran Social Media. Die Gründe sind so einfach wie einleuchtend: Über Social-Media-Plattformen lässt sich viel effizienter und umfassender kommunizieren. Wenn also die klassische E-Mail auch nicht verschwinden wird, könnte sie einen Bedeutungswandel erleben. Vielleicht wird sie zum Sprungbrett für weiterführende Dienste. Mit Tools wie Rapportive, Gist oder Gmail People können Unternehmen ihre Mails mit Social-Media-Daten anreichern. (4)

Fallbeispiele

Disney hat die meisten Fans bei Facebook

Facebook verzeichnet immer mehr Markenfans. Unangefochtener Spitzenreiter weltweit ist der Disney-Konzern, der mit 52 Millionen Anhängern auf 250 verschiedenen Webseiten das Verfolgerfeld anführt. Veröffentlich hat das Ergebnis das Internetportal markenlexikon.com in seinem "Facebook Markenranking 2011". Zwei Dutzend weitere Marken bringen es jeweils auf über zehn Millionen Anhänger. Der Betreiber von markenlexikon.com rät Unternehmen angesichts dieser Zahlen daher auch, die Social-Media-Aktionen der User genau im Blick zu behalten und sich zum Beispiel mit einem Marken-Avatar auf allen Fanseiten über den "Gefällt-mir-Button" einzutragen. (5)

Adidas hat unter den Dax-30-Unternehmen die Nase vorn

Adidas scheint das Spiel mit Social Media glänzend zu beherrschen. Einer Studie zufolge, die kürzlich die

Fachhochschule Mainz veröffentlicht hat, hat der Sportartikelkonzern unter den Dax-30-Unternehmen auf Facebook mit sieben Millionen Fans die meisten Anhänger. Ebenfalls mit vorne dabei sind BMW, Daimler, Volkswagen und SAP. (6)

LV 1871 schaltet Videospot auf YouTube

Rolf Schünemann, Vorstand der Versicherungsgesellschaft LV 1871 mit Sitz in München, glaubt nicht daran, dass im Internetzeitalter traditionelle Zufriedenheitsstudien im selben Maße nötig sind wie früher. Sein Argument: Seit sich Kunden auf Social-Media-Plattformen auch zu Versicherungsthemen äußern, könnten herkömmliche Untersuchungen reduziert werden. Schünemann selbst hat sein Unternehmen auf das neue Kommunikationsverhalten der Kunden bereits eingestimmt: Die LV 1871 hat einen Spot auf dem Videoportal YouTube veröffentlicht. (7)

Weiterführende Literatur

(1) Digital Natives unter sich
aus werben & verkaufen Nr. 39 vom 30.09.2010, S. 86

(2) Der digitale Kunde – das unbekannte Wesen
aus Die Bank, Heft 06/2011, S. 64-68

(3) "Social Media lässt sich nicht outsourcen"
aus Absatzwirtschaft Nr. 07 vom 24.06.2011 Seite 038

(4) Wird E-Mail zur Social-Media-Zentrale?
aus Computerwoche, 20.06.2011, Nr. 25

(5) Immer mehr Marken-Fans auf Facebook
aus Absatzwirtschaft Nr. 06 vom 27.05.2011 Seite 038

(6) Dax-30 im Social Web: Adidas führt vor BMW
aus W&V Online-Magazin vom 07.06.2011

(7) Der schmale Grat zwischen "coolem Erfolg" und völligem Flop
aus Versicherungswirtschaft, 15.06.2011, 66.Jg., Nr. 12, S. 892

Impressum

X-Faktor - Für viele Unternehmen sind Digital Natives noch immer eine unbekannte Größe

Bibliografische Information der deutschen Nationalbibliothek

Die Deutsche Nationalbibliothek verzeichnet diese Publikation in der deutschen Nationalbibliografie; detaillierte bibliografische Daten sind im Internet über http://dnb.d-nb.de abrufbar.

ISBN: 978-3-7379-0788-0

© 2015 GBI-Genios Deutsche Wirtschaftsdatenbank GmbH, Freischützstraße 96, 81927 München, www.genios.de

Alle Rechte vorbehalten. Dieses Werk ist einschließlich aller seiner Teile – z.B. Texte, Tabellen und Grafiken - urheberrechtlich geschützt. Jede Verwertung außerhalb der Grenzen des Urheberrechtsgesetzes bedarf der vorherigen Zustimmung des Verlags. Dies gilt insbesondere auch für auszugsweise Nachdrucke, fotomechanische

Vervielfältigungen (Fotokopie/Mikroskopie), Übersetzungen, Auswertungen durch Datenbanken oder ähnliche Einrichtungen und die Einspeicherung und Verarbeitung in elektronischen Systemen.

Social-Media-Plattformen sind die Schlachtfelder der Zukunft - zumindest für Unternehmen, die versuchen, Kunden für ihre Produkte oder Dienstleistungen einzunehmen. Allerdings lässt die Professionalität des Social-Media-Managements bei vielen Unternehmen noch zu wünschen übrig. Dabei gibt es durchaus Möglichkeiten, Digital Natives besser kennen zu lernen. Dazu gehören Web-Behaviour-Tools, Social-Media-Monitoring, Online-Communities und Kunden-Online-Panels.

http://www.genios.de
ISBN 978-3-7379-3648-4